Bibliografische Information der Deutschen Nationalbibliothek
Die Deutsche Nationalbibliothek verzeichnet diese Publikation in der Deutschen Nationalbibliografie; detaillierte bibliografische Daten sind im Internet über http://dnb.d-nb.de abrufbar.

Das Gesamtprogramm von Butzon & Bercker finden Sie im Internet unter www.bube.de

MIX
Papier | Fördert gute Waldnutzung
FSC® C020056

ISBN 978-3-7666-3693-5

Hoogeweg 100, 47623 Kevelaer, Deutschland
www.bube.de

Umschlag, Layout und Satz:
Finken & Bumiller, Stuttgart
Abbildungen: © stas111 – stock.adobe.com

Maximilian H. Theissen

Wegbegleiter

GEBETE-TO-GO

Butzon & Bercker

Ewiger Gott,
bitte hilf.

Vorwort

Viele Menschen sorgen sich heutzutage wegen des Klimawandels und treten für mehr Klimaschutz ein. Und ja, die Bewahrung der Schöpfung ist wichtig. Lasst uns aber auch unsere Verbindung zum Schöpfer bewahren.

Gott ist der beste Wegbegleiter. Und Gott möchte uns so gerne begleiten.

Am Anfang des Tages

Ewiger Schöpfer,
bitte öffne meine Lippen,
damit mein Mund
Dein Lob verkünde.

Ehre sei Dir, o Gott.
Wie im Anfang,
so auch heute
und allezeit.
Und in Ewigkeit.

Amen.

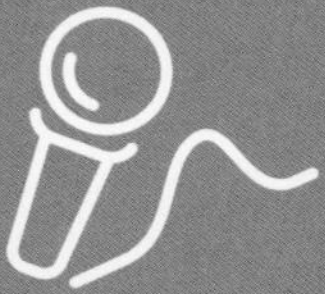

#praise

[Lob]

Guten Morgen,
ewiger Gott.

#sunrise
[Sonnenaufgang]

Du liebst mich.

Du liebst alle Menschen.

Bitte segne mich reichlich
an diesem neuen Tag.

#blessed

[gesegnet]

Ja, Herr.

Bitte sei mit uns
an diesem neuen Tag.

#communion

[Gemeinschaft]

Menschliches Wachen
kann richtig nützen.
Doch der ewige Gott
muss immer schützen.

Herr, ewiger Gott,
durch Deine große
Güte und Macht
schenke Du uns allen
einen guten Tag.

Amen.

#watch

[Wache]

Beim aufgehenden Morgenlicht
preise ich Dich, o Herr.

Du allein bist der Erlöser der
Schöpfung.
Du allein bist der Retter der
Menschheit:
Du allein kennst all meine
Schwächen.

Verlass mich nicht,
Herr, mein Gott.

#saviour

[Erlöser]

Wenn es Dir gefällt,
dann bitte stärke mich auch
bei der Arbeit
an diesem neuen Tag.

Du bist hoffentlich
mein Herr,
Gott,
König
und Erlöser,
meine Nr. 1.

#workday

[Arbeitstag]

Bitte komm meinem Arbeiten
mit Deiner Gnade zuvor,
damit alles
bei Dir seinen Ursprung nehme,
von Dir begleitet werde
und durch Dich vollendet werde.

Amen.

#completion

[Vollendung]

Zur Mitte des Tages

Es ist Mittagszeit.
Der Tag steht auf der Höhe.
Die kleine Waage ruht.
Bitte mach Du die Mitte gut.

#halftime

[Halbzeit]

Ja, Herr.

Der Tag hat seine Mitte erreicht.
Einiges liegt hinter mir.
Einiges liegt vor mir.

Bitte schenke Du mir
Deine Ruhe
mitten im Sturm.

#calm

[Ruhe]

Ja, Herr.

Du handelst
nie hektisch.

#unbent

[entspannt]

Manches
ist bisher gut verlaufen.
Anderes
weniger gut.

Bitte hilf,
o Gott.

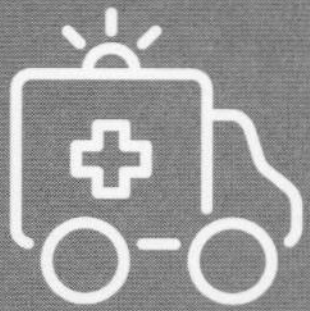

#aid

[Hilfe]

Ich schaue zurück.

Ich schaue nach vorn.

Sei Du bitte bei mir.

#introspection

[Selbstprüfung]

Das Mittagessen
bietet eine gute Gelegenheit,
Dir zu danken.

Gerade dann,
wenn wir das Glas
mal wieder halb leer
— und nicht halb voll —
sehen.

#prayer
[Gebet]

Alle guten Gaben
kommen, o Gott, von Dir.
Dank sei Dir dafür.

Ja, bitte segne die guten Speisen
und lass mich stets Dich preisen.

#gifts

[Gaben]

Wir wollen nicht
zu tief ins Glas schauen.
Und so hilf uns,
dass wir uns an den guten Früchten
Deiner Schöpfung
in rechter Weise erfreuen.

#modest

[maßvoll]

Schließlich schenke uns
den Blick über den Tellerrand hinaus.

Dann können wir auch erkennen,
dass für manche gilt:
„Weniger ist leer."

#compassion

[Mitgefühl]

Am Ende des Tages

Guten Abend,
o Gott.

#evensong

[Abendandacht]

Bitte sei bei denen,
die heute noch
ein Gebet sprechen.

Sei Du aber auch
bei den anderen.

#adviser

[Beistand]

Viele Abende habe ich
bereits erlebt.

Bitte sei
Du mit uns
an diesem Abend.

Ich mit Dir.
Du mit uns.

#companionship

[Begleitung]

Noch
ist es Abend.

Doch
die Nacht kommt.
Sie naht.
Sie bricht herein.

Du bist schon da.

#oncallduty
[Rufbereitschaft]

In der Welt
ist heute
sicherlich sehr viel passiert.

In Deiner Allgegenwart
hast Du das
alles gesehen.

Ich habe heute auch viel gesehen.
Und doch ist es nur
ein Bruchteil von dem,
was Du gesehen hast.

#omnipresent

[allgegenwärtig]

Ewiger Schöpfer,
mit Dankbarkeit
möchte ich zurückschauen
auf den vergangenen Tag.

Wenn es Dir gefällt,
dann nimm bitte all mein Bemühen
in Deiner unendlichen Güte an.

Alles möge so geschehen,
wie es Dir gefällt.

#retrospect
[Rückschau]

Wenn ich heute
oder in letzter Zeit
Schuld auf mich geladen habe,
dann bitte verzeih und vergib mir
in Deiner großen Güte
und Barmherzigkeit.

Vielen Dank
für Deine große Güte
und Barmherzigkeit.

#mercy

[Erbarmen]

Ja, Herr.

Bitte hilf mir,
dass auch ich
meinen Mitmenschen
mit großer Güte
und Barmherzigkeit
begegne.

#kindness

[Güte]

Menschliches Wachen
kann oftmals nützen.
Und der ewige Gott
kann immer schützen.

Herr, ewiger Gott,
durch Deine heilvolle
Güte und Macht
schenke Du uns bitte
eine gute Nacht.

Amen.

#protection

[Schutz]

Wenn es Dir gefällt,
dann bitte schließe meine Lippen,
damit meine Seele
Ruhe finde bei Dir.

#peaceofsoul

[Seelenfrieden]

Nachwort

Ich hoffe, dass die Kurzgebete zusammen mit den jeweiligen schlichten Illustrationen und Impulsbegriffen Räume schaffen können, um mit Gott ins Gespräch zu kommen. Es ist doch wunderbar, wenn wir in der Kürze und Einfachheit auch eine Dichte und Tiefe erfahren dürfen.

Das vorliegende Buch „Wegbegleiter" ist Teil der Buchreihe „Gebete-to-go".